JN438485

길은 걸어감으로써 길을 만든다

길은 걸어감으로써 길을 만든다

오경옥 시집

| 시인의 말 |

창을 연다. 보름이 지난 지 며칠 되지 않아서인지 달도 밝다. 세상을 은빛 농담으로 채색하는 달빛 사이를 횡으로 긋는 가을 풀벌레 소리, 길게 느껴진다.

“새는 알을 깨고 나온다. 알은 새의 세계다. 태어나려는 자는 한 세계를 파괴해야 한다. 모든 인간의 삶은 자기 자신에게 도달하기 위한 여정이다.”라는 한 헤르만 헤세의 말을 기억하며, 글 속에서만이라도 온전히 내 자신에게 다가가기 위한 여정을 떠나고 싶다. 길은 걸어감으로써 길을 만들기에…….

세상의 한 가운데에로 던져진 내 언표들이여! 부디, 서늘해진 누군가의 가슴에 미진한 온기로라도, 기대고 싶은 것을 찾는 누군가에게 버팀목으로라도, 그리운 것들을 기억하는 이에게 추억으로라도, 한줄기 달빛처럼, 가을밤 풀벌레 소리처럼, 머리가 아닌 가슴으로 기억되기를…….

첫 시집을 발간할 수 있도록 해주신 하나님께 감사드리며, 저를 기억해주신 분들과 꿈을 갖고 성장할 수 있도록 격려해주신 김영래 선생님, 라대곤 회장님, 그리고 해설을 써주신 남기혁 교수님께 진심으로 감사드리며, 우리 가족들 모두 사랑합니다.

2012년 가을밤에

오경옥

■ 차례

제 *1* 부 금강하구에서

제2부 사십대 중반이라는 나이

제3부 바다가 그립다는 것은

제4부 누군가 그리워질 때면

제*1*부

금강하구에서

뿌리는 숲을 기억한다

소리도 없이 뿌리들이 꿈틀거리기 시작했다
뿌리들은 기억을 거슬러 올라가보는 습성이 있다
삶에 의해 언제나 밀려났던 변방의 꿈
메마른 의식 깊이로부터 동원된 사유의 숲
후미진 가장자리를 비집고 움을 틔우는 것은
잠자던 눈이다
제 몸의 푸른빛을 숙명처럼 여기며
중심이라 믿었던 관습들의 손
몸 안 어디쯤에서 빛을 끌어 모으려 부산하다
따뜻함을 숨기고 있어 거칠어 보인
날生것들의 빛깔을 지닌 언어
출구를 찾은 듯 현현한 깃발춤으로 하늘거린다

살다보면

때로는 질풍노도에 넘어져 다치기도 하는 것
다친 생채기 바라보고 치유하는 법 알아가는 것
지름길이 눈앞에 보이지만
먼 길 돌아서 가야 할 때도 있는 것
살다 보면 삶과 사람 사이에서
무거운 짐 머리에 이고 지고
먼 곳까지 걸어가야 할 때가 있는 것
그 무게 같은 뻐근한 고개와 등
기대고 싶은,
마음속 느티나무 한 그루 그리워지는 것

선창가에 가면

생선 비린내 진하게 배어오는
해망동 선창가에는
갯벌 속에서 캐낸 바지락 한 망에서부터
김장철이면 비응도 멀리
갯바위를 훑으며 굴과 조개를 캐고
손에서는 소금꽃이 피도록
보리새우 까던 진득한 다리 저림까지
무던하게 견뎌온
어머니의 세월이 배어 있습니다
무더기무더기 생선을 놓고
구성지듯 애달픈 듯
어딘가 내 어머니의 눈빛과 얼굴을 한
아낙의 마수걸이 부추김이
코끝 시려오는
겨울 해망굴 밤바람처럼
찡하게 엉겨옵니다

금강하구에서

어디서부터 시작되었을까
그리운 것들을 품고 흐르기 시작한 것이
세끼 밥을 먹듯 거를 수 없는 현실 앞에서
혼탁해진 마음도 가라앉힐 줄 알고
켜켜이 날 법도 한 상처를 홀로 지우면서
소리로 말하지 않고
소리 없이 흐르는 법을 보여주는 강
살아간다는 것
사랑한다는 것은
저렇게 홀로 깊어지는 것이며
혼자서 비우고 채우며 무게를 갖는 것인가
어디쯤 흐르고 흘러야
마른 바람으로 서걱대는 가슴이
흔들리지 않는 심지를 가질까
수면 위에서 까맣게 먹이만 좇는 철새들처럼
불혹이라는 삶의 굽이를 흘러오는 동안
애타게 파닥이던 삶의 노래가
부표처럼 떠서 저녁노을로 탄다

제비꽃

키를 낮추어야 볼 수 있는 것들이 있다
가까이 다가가서
눈빛을 주고 마음을 주어야 다가오는 것들
살아가는 법에 서툴고
사랑받고 사랑하는 법에 서툰 망설임
원치 않는 말과 몸부림에
하나 둘
사랑하는 사람들을 떠나보내고 나서야
애틋한 눈길만 보내는
가슴속의 하고픈 이야기가
하롱하롱 멍울진,
가까이 다가가야 비로소 마음을 주는
작은 몸짓의 꽃!

새벽시장에 가면

마음이 다칠 때면 김치 담글 때가 아니어도
군산역 새벽시장에 간다
눈을 비비며 첫 기차를 타고 왔을
내 어머니를 닮은 사람들
농사지어 가꾼 풋고추, 오이, 열무, 감자, 깻잎 같은
푸성귀들을 보따리 가득 이고
한 자리 비집고 앉아 새벽을 밝힌다
당신이 필요한 것보다도 손주 녀석 군것질에서부터
학용품, 준비물, 수업료 심지어
장가간 아들들의 밑반찬까지 챙겨주기 위해
나태함이나 고단함을 모르는 팔팔한 생기
소박한 바람이 무더기무더기 쌓여
들꽃 같은 얼굴로 활기찬 모습
파장이 되어 가벼워진 보따리마냥
가라앉았던 마음이 풋풋하게 피어난다
군산역 새벽시장에 가면

자화상

언젠가는 꽃이 피리라는
믿음 하나로 하늘을 우러렀지
가느다란 빛의 경로를 따라
홀로 불러보는 빈 가지의 노래
서늘한 그늘의 무게와 부피를 묵묵히 읽으면서도
그 질량에서 빚어지는 생각들을 엮어보려고
토막잠으로 영혼의 가지를 키우려 애를 썼지
언젠가는 승리의 깃발처럼
눈부시게 환한 지상의 축제를 바라던
어머니의 웃음은 된바람이 거두어 가고
북적이는 공동체 안에서도
지난했던 겨울을 견뎌온 뿌리의 온기는
따스하게 감겨오는 봄의 들목에서
태양을 향해 두 팔을 펼쳤다
은은한 향과 음을 지닌 매화꽃 피다

살아간다는 것은

기대고 싶은 것을 찾다 무심히 바라본 하늘처럼
살아가야 할 날들이
살아온 날들보다 더 많은 시간 위에서
그리운 것보다 더 소중한 것들이
곁에 있음을 읽습니다
때로는
같은 일을 반복하고 싶지 않는 후회 속에서
되돌릴 수 없음이 아쉽고
남김없이 바닥을 보이거나
작은 바람에도 힘겹게 흔들릴 때
고요히 붙들어주는 그대
계절을 보내고 맞이하듯
흔쾌한 기쁨과 그만큼의 알싸한 슬픔도
향기나는 인연들이 있고
따뜻한 웃음을 베어 물 내일이 있기에
오롯이 곧추섭니다

해망동 산 5번지

출근길에 오며가며 늘상 바라보는 동네
아이폰과 스마트폰 시대에 아직도 근대가 고스란히 살아있는 해망동 산 5번지
시집와서 시어머니 모시고
큰시누이 애들 셋 데리고 삼 년을 살았던 신혼,
십사 년이라는 두 아들의 유년의 기억이 스며있는 옛집터
조개 캐러 가서 돌아오지 못한 거꿀네 집도
무엇을 찾아 그리 헤매었던 명화네 집도
영구 맹구라 부르며
우리 집 일이라면 밤이건 낮이건 달려오던
마음이 허한 기복이 삼촌네 집도 헐리고
집안 살림을 하나씩 내다팔면서도
언제나 꼿꼿했던 호랭이 할머니네 집,
묵묵히 챙기고 정을 나누었던 구역식구들과
고향 느티나무 같았던 구역장님네 집도 간 곳 없고
집과 집을 나누고 있는 경계만이 덩그마니 휑한

축대로 서서
까마득한 전설처럼 이야기무덤으로 덮이어
꽃등을 켜고 옛 주인을 기다리듯
샛노란 개나리만이 기웃기웃,
외롭다고
그리웁다고
해망동 찬바람에 우우우 살을 비비는
그저
대숲만 무성한 공터

정박선 위를 맴도는 것은 갈매기만이 아니다

월명산 가슴 아래
혈맥처럼 끈끈한 정으로 사랑을 엮는
해망동 산 5번지
천국의 계단처럼 끝없이 이어져
힘들게 걸어가야 나오는 말랭이 동네지만
바다에서 건진 물고기와 바지락 한 그릇
나눠 먹을 줄 아는 동네사람들
그물을 엮고 엮은 그물 바다에서 건져 올리느라
손에 굳은살이 박여도
굴, 새우, 바지락 까느라 손자국마다 소금꽃이 펴도
노곤한 아버지와 할머니의 얼굴에서
자식들의 넉살 좋은 즐거움이 흐르는 곳
먹지 않아도 배부를 것 같고
입지 않아도 춥 것 같지 않는
넉넉한 구릿빛 웃음들
그러나
한일 어업협정 타결…….
정박선 위를 맴도는 것은 갈매기만이 아니다

해바라기

황량한 지표 위에
호젓한 모습
이정표 되다

어디쯤 왔나
어디로 가야 하나
무엇을 찾아 나선 길이더냐
너를 보며
나를 본다

샛노란 꿈 향한
기다란 외길 인생
여름 한나절
한껏 부풀어지는
짙푸른 꿈의 여로
이정표 되다

부부

보이는 것도 보이고 싶지 않는 것도
알아야 되는 것도 알리고 싶지 않는 것도
다 괜찮은 사람

어떤 일을 같이 할 때 서로 맞지 않아
서툴고 부족함을 느껴도
마음과 생각을 먼저 읽고
조금씩 맞추어줄 줄 아는, 그래서
부끄럽거나 자존심이 상하지 않아도 되는 사람

어느 순간, 마주하고 싶지 않는 고통
순순히 인정해야만 할 때
온전히 가슴으로 스며줄 줄 아는
손수건 같은 사람

숨이 막힐 듯 외로워서 가슴이 답답할 때
곁에 있다는 것만으로도 위로가 되는 사람

죽을 만큼 아파 그렁그렁한 눈 물
동백꽃처럼 뚝뚝 떨어질 때
꽃잎 같은 눈물 말없이 닦아주고
어깨를 기대어주는 마음 든든한 사람

하루의 고단함을 다리 하나에
얹고 자도 좋을 내 살 같은 사람

사소한 것까지도 시시콜콜 이야기하며
평생을 함께 걸어가야 하는
인생의 동반자

어떤 부부

몸이 불편한 아내는
눈이 먼 남편의
눈이 되어 주고 길이 되어
서로 손과 발이 되어줍니다

부족하면 부족한 대로
서로를 인정하고 받아들이며
어디를 가든
무슨 일을 하든
늘 거친 손 부여잡고
폐지를 줍기 위해
오늘도 길을 나섭니다

가난하지만 서로가 곁에 있어
마음 든든한
아름다운 동행

특별한 당신

당신은 가슴을 두근거리게 하거나
설레는 떨림은 없습니다
하지만
마음을 편안하게 하는 미더움이 있습니다
보여지는 것들이 때로는 허물이 되기도 하련만
당신 앞에서는 허물이 되지 않는
있는 그대로의 낯익음입니다
서로의 눈빛에서 생각과 마음을 읽고
한 마디의 말 속에서도
유머러스한 재치와
노곤한 삶의 향기와
심오한 철학이 묻어 있습니다
낯선 설렘이 오랜 시간 속에서
아는 듯 모르는 듯
감싸주고 이해해주고
챙겨주는 든든함이 있습니다
나에게 매우 특별한 당신은

월명공원을 오르다

가지런히 마음을 빗질해야 될 때
일어서야 된다고 생각될 때
자유롭게 풀어진 산책길을 따라
삶과 사람 사이에서 조여맨 긴장의 끈 풀어놓고
수시탑 앞에 섭니다

수원지를 돌아 설림산 능선을 타고
점방산 산정에 오르면
밀려난 것들이
잊고 지낸 것들이
벅차게 가슴으로 들어옵니다

탁류*의 첫장이 채근을 하고
고은의 만인보*도 현란하게 부추깁니다

조금 느리게 간다고 뒤처지는 것 아니고
조금 빠르게 간다고 결코 앞서는 것 아니련만

쉬거나 멈추지도 못하고 오르기만 하려 했을까요

어떤 것에 익숙해졌다는 것은
마음을 빗질해야 한다는 것
일어서서 군산을 휘두르는 금강과
높지도 않은 장계산이 석치산과 어우러져
고운 능선과 향기를 풀어놓는다는 것을 아는 일이겠지요
아름답게 살아가는 인생길을

---

* 탁류 : 백릉 채만식의 장편소설 『탁류』를 말함.
* 만인보 : 1986년 『세계의 문학』에 연재해 30권까지 간행된
고은의 인물사전집임.

내 고향 전라도 사투리

서툰 듯 촌스러운 듯
옛 벗을 오랜만에 만난 듯
정겹고 반가운 말
내 고향 전라도 사투리

가난한 풍경에 빛바랜 추억이지만
주름이 자글자글한 어머니의 품 같은 말,
지치고 힘들 때 들으면 한방에 빵 터지는
눈과 귀와 얼굴, 가슴까지 다 환해지는 말
내 고향 전라도 사투리

나를 키우고 나를 들여다보게 하는
내 존재의 근원
언제 들어도 한 아름의 인간미가 묻어 있어
삶의 활력을 주는 말
내 고향 전라도 사투리

삶

나를 버리고
너를 얻는 것

동쪽으로 가고 싶은데
서쪽으로 가야 할 때도 있는 것

팔고
사는,
거래.
거래…….

길은 걸어감으로써 길을 만든다

살아가는 일에서나
사람들과의 관계에서
집채만 한 무게로 느껴질 때
바닥이 보일 만큼 미끄러졌다고 생각될 때
잊었던 콤플렉스와 흉터가
끈끈한 흔적으로 따라 오고
아킬레스건이 당겨올 때
믿었던 사람에게서 등 돌린 뒷모습을
넋 놓고 바라보게 된 어느 날
마음 둘 곳 없어
누군가의 어깨에 기대고 싶을 때
나를 일으켜 세우기 위해
길을 나섭니다
길은 걸어감으로써
길을 만들기에

꿈속의 바다

그물을 던진다
꿈꾸는 어부
텅 비어 있는 내 안의 바다

비상하던 바닷새
버겁게 건져지는
내 아픈 시詩의 한 조각 부리로 쪼고
그 아픔 내 몸무게 위에 더 큰 무게로 이끌려
허우적거리고 있다
그 바다 한가운데서

그물을 던지자
다시 그물을 던지자

제2부

사십대 중반이라는 나이

겨울 강가에서

안개 낀 샛강 갈 숲 흔들며
겨울새 한 마리 유영하다 포르르~
하늘에 길을 열어놓는다

열려진 길을 무심히 따라가다
문득 그려지는 얼굴

내 안을 채우고 흔들며
단단하게 했던 오랜 기억
어제인 양 울컥 다가선다

덤벙~
동그랗게 동그랗게 퍼져가는 그리움
찰랑찰랑 채워지는 외로움
겨울새 한 마리
그리고 지우고
그리고 지우고

사람들 사이에서 사람이 그리울 때

사람들 사이에서
사람이 그리울 때
바다에 갑니다

외딴섬으로
타는 눈빛,

파도로
그대 향해 달려가지만
한 줄씩 다독이는 선으로
하얗게 되돌아오는 습관

모래밭이 되었습니다
그리운 사람 그리울 때

사십대 중반이라는 나이

혹 하지 않는다는 마흔 중간쯤 하는 나이
바람으로 떠돌기 쉬운 여린 나이
그리고 싶은 고운 꿈
어여쁜 색깔과 향기에 물들고 싶은
하얀 물감 같아

생의 한가운데서
무겁게 내딛는 이쪽과 저쪽의 경계선
살얼음 위를 걷는 것 같아

가을 강물같이
아름다운 파문에 출렁이기 쉬운
사십대 중반이라는 나이

현실과 이상처럼
삶과 사랑의 기교 사이에서
열병처럼 아프기 쉬운 나이

안개

가끔씩, 마음 밑바닥에 낮게 고여 있는 것들이 탁하게 풀어지다 알 수 없는 향기를 피워올릴 때가 있다 끝도 모르고 깊이도 알 수 없는 현실이란 경계선, 홀로 맴돈다 어디서부터 시작되었는지 근원을 알 수 없는 마음속 습한 언어의 미립자들이 무작정 길을 낸다 멀리 있는 것들이 눈에 들어오고 잊어야겠다고 생각했던 것들이 기억의 갈피를 넘기며 벅차게 가슴으로 밀려들어온다 멀리 있다고 보이지 않거나 생각나지 않는 게 아니구나 삶에 묻혀 산다고 잊혀지는 게 아니구나 모습만 얼핏 보이다 만 사람아! 그대의 둘레를 보여준 적이 없어 그대가 생각하는 둘레가 얼마나 멀고 넓은지 그 깊이가 얼마나 깊은지 알 수가 없다

눅눅하게 배어오는 몸짓이여!

늘 아릿한 존재여!

목련

눈길 머물고
생각이 가지를 뻗는 곳마다
그대 고운 모습으로 피어 있었다
더 다가설 수도 없는
꼭 그만치의 거리에서
생각으로만 가슴 벅차게 피어나는
하얀 그리움
멀리서라도 한 번쯤 보고 싶고
손 내밀고 싶은
낯선 설레임

장마

그칠 줄 모르고 떨어지는 빗방울마다
뭉클뭉클 가슴으로 번져지는
땀과 눈물의 시간들
머리와
가슴에서
그리고
기억 속에서
그려졌다 흐려지고
다시 그려졌다 흐려지는
속절없는 버릇
깊은 웅덩이를 만들더니
그만큼의 깊이와 무게를 가진 것들과 함께
어딘가의 수로를 따라
한없이 깊은 곳으로 흘러간다

단풍

바람이 낯익은 계절을 몰고 온다 낯익은 계절 앞에 낯설기만 한 여자 홍조 띤 바람이 나뭇잎을 물들이며 나부끼듯 삶의 언저리 어디쯤에서 호흡하게 했던 것들 습기를 머금은 채 한 옴큼의 붉은 통증으로 매달려 있다 잊고 지낸 것들 속절없이 생각나 가슴 언저리를 맴돌다 멈추고 맴돌다 멈추고 부드럽게 굴절된 기억의 프리즘 기일게 포물선을 긋다

미완의 벽화

많지도 않게 살아온 날들이
지하도에 걸린 미완의 그림으로 남아 있다

어깨를 스치며 오가는 사람들
어떤 이는 환한 미소를
어떤 이는 심각한 갈등을
어떤 이는 무표정한 무관심을 가지고
습기 묻어나는 시간의 통로를 지나고 있다

어제의 고통도 즐거움도 교차된 선으로
지나간 시간의 이랑을 조각하듯
미완의 그림을 돕고 있다

만나고 헤어지고 또 만나고
그리고 어떤 이별이 있고
또 어떤 만남이 기다리는가
아픔과 기쁨이 만남과 이별처럼
삶의 여백에 색깔을 입혀간다

가을바다

멀고 먼 그리움을 오래도록 간직하면
가슴도 하늘 닮은 파란빛이 되는 걸까
불러보고 싶은 것들 오래 되뇌이면
가슴에서도 저토록 맑은 소리로 노래 부를 수 있을까

가끔은 부표처럼 존재의 의미를 물어보지만
깊이를 알 수 없는 마음만
끝없이 밀려왔다 밀려갔다

나의 기쁨
나의 외로움
나의 슬픔
내 아픔이었던 그 무엇,
오래도록 가슴에 고여서
아쉽고 그리운 것들을 노래하게 하는
슬픈 계절의 詩여!

블랙커피

비 오는 창가에 앉아
블랙커피를 마신다
흐린 창가에 낯익은 얼굴이 그려지고
커피를 든 손등이
옛 추억처럼 따뜻해온다
낯익은 얼굴이
낯익은 문장들이
낯익은 훈훈함과 넉넉함으로 흔들거린다
머그잔의 블랙커피가 우물 속처럼 깊다
깊이를 알 수 없는 것은
블랙커피만이 아닐 것이다
목 안을 넘나드는 뜨거움
우물 속처럼 울려퍼진다

진달래꽃 따라

솔바람 풀어놓은 산등성이에 이르면
바윗돌 감아 도는 분홍빛 여울목

눈길 따라 사르르 –
번져가는 그리움
시린 가슴 녹이며 추억의 무늬로 핀다

이 산자락 타고 가면
그리운 이 만날 수 있을까

온 누리 그리운 얼굴로 다가와
피는 꽃이여
산길 따라 내 마음도
연분홍 물결이고 싶다

가을 편지

가을이 되면 가슴이 먼저 길을 낸다
되돌아 갈 수 없는
아스라이 먼 오솔길
한 걸음 한 걸음 내딛다 보면
어설픈 옛 가을의 이야기
오솔오솔 그리움의 향기를 푼다
들쑥날쑥한 새치
산등성이에 억새꽃으로 피어나는데
눈길 머무는 곳마다 서글픈 추억이 스며
고요한 떨림으로 깃을 세우는 예측불허의 감정
슬픔을 몰랐던 그 순수했던 몰입
한 해 두 해 가슴 깊어지는 말
사박사박 그리움 띄워본다

채석강

표류하던 것들이 켜켜히 얹혀 있다

어디쯤에서 잘려나간 언어들이
어디쯤에서 멈추어버린 발걸음들이
빈 가슴으로 얹혀 있는가

사랑하는 법이 서툴러서
다가설수록 덧이 나는 사이
다가서고 싶은데
다가설 수 없는 마음만
켜켜이 쌓여
무작정 달려갔다가
실루엣 같은 그대 모습만 바라보다
며칠을 견디는 힘을 얻고
뒤돌아서서 가는 걸음걸음
선캄브리아대의 굽이굽이를
바람으로 떠돌다

가슴에 얹힌 채
침식되어가는 눈 먼 화석

유월에 그린 얼굴

빗물 고인
항아리 뚜껑
하늘 밑그림에

월명산에 물빛 그림자
푸른 입술 그리고

두 조각구름은
고운 눈웃음

토옥-
감꽃이 하나 떨어지면
코끝으로 묻어나는
향내

후- 불면
푸르게 일렁이는
열두 살 소꿉친구

이별 앞에서
– 비정규직 교사의 서글픈 일상

인생은
만나면 언젠가는 헤어짐이 있음을 알면서도
가끔씩 맞이하는
계약만료 앞에서 마냥 파리해집니다
이제는 인연의 유통기한들도 익숙해지련만
아직도 나는 한시적인 만남 앞에서
낯설고 서툴고 소름이 돋듯 한기가 듭니다
어쩌면 살아간다는 것은
씁쓸한 이별과 상처에 익숙해지는 것인지도 모릅니다
그 이별이 서글픈 몸짓일 때
그리하여 아픈 절규로 반문될 때
진정
나와
내 삶을 마주대할지 모릅니다

여름

화사한 봄꽃을 꿈꾸던
계절을 지나
아름다운 그 계절을 보내야 한다

넓은 그늘을 만들던
큰 느티나무의 잎새
푸르러 가는데
깊어만 가는 짙은
마음의 그림자

끈적거리며 달라붙는 떼어지지 않는 정
이별후유증의 처절한 불면 같은
무더운 열대야

어디에선가
온 몸을 휘감고 쟁쟁하게 울려퍼지는
매미소리
매에맴~ 매에맴~

어디에선가
온 마음을 낭랑하게 흔들어 놓은
화사한 계절을 기억하는
저 질긴 매미소리
매에맴~ 매에맴~

친구여!

살아가다 힘겨운 날이 오거든
그대 자신에게 편지를 쓰자
내 가까운 사람들로부터
내게 주어진 삶으로부터
상처받지 않기 위해
상처주지 않기 위해
자신을 위로하고 다독이고 자신감을 갖는
살아가는 법을 편지로 써 보자

친구여!
살아가다 누군가가 몹시 그리운 날이 오면
바다에 가보자
밀려왔다 밀려가는 가슴 시원한 파도처럼
어지간한 상처에도 무뎌지고 익숙해지도록
바다가 들려주는 삶의 노래와
끝없이 펼쳐진 넓은 가슴을 마음껏 바라보자

친구여!
살아가다 물빛 차가운 서러움 온몸으로 느껴질 때
혹은 가슴 아픈 날이 오거든
가슴으로 뜨거운 속울음 삼키지 말고
소리내어 어린아이처럼 울어도 보자

사랑하는 친구여!
누가 가르쳐주지 않는
우리의 삶을 서툴지 않게 살아가기 위해서는
살아가는 지혜도
타인을 사랑하는 법도 배워야 하네
사랑하는 사람에게 상처주지 않기 위해
그대가 상처받지 않기 위해
타인과의 소통하는 법과
삶의 방식을 배우려고 노력해야 하네

하늘을 바라봅니다

살아가는 일에서나
사람들 사이에서 서툴고 낯설 때
무심코 하늘을 바라봅니다
눈에 들어오는 모든 것들이
눅눅하고 찰지게 배어와 걸음의 폭 셀 때
가벼운 몸짓 익히려 하늘을 바라봅니다
허허한 것들이 키를 늘리고 푸르게 돋아나
낯선 용기가 가지를 뻗을 때
부질없는 것들 떨쳐내려 하늘을 바라봅니다
잊었던 것들이
선명한 모양과 빛깔과 향기를 가지고 가득 차 올 때
닿을 수 없는 것들이 눈과 마음에 닻을 내려
켜켜이 섬을 이룰 때
그리운 마음 접으려 하늘을 바라봅니다

제3부

바다가 그립다는 것은

바다가 그립다는 것은

바다에 가고 싶다는 것은
무언가가 그립다는 것이다

끝이 없는 길 위에서
길이 보이지 않을 때
닿을 수 없는 것들이
선을 잇고 있다는 것이다

부딪혀오는 것들이 켜켜이 섬을 이루어
안으로 퍼렇게 물이 들었다는 것이다

파도처럼 하얗게 달려가고 싶다는 것이다
파도처럼 목 놓아 부르고 싶다는 것이다

바다가 그립다는 것은
가슴이 기억하는 것들을
그리워하고 있다는 것이다

아궁이에 불을 지피다

어머니는 스무 해 동안
만년 개근으로 물을 길어
아궁이에 불을 지폈습니다

여민 옷깃 사이로
마음마저 찬바람 일어도
아궁이에 불을 지폈습니다

오고가는 통학 길 세 시간이 넘어도
오빠는
가마솥 여닫는 소리에 눈을 비비고 떴습니다

이슬을 걷고
별빛을 이고
타닥타닥
아궁이에 불 지피는 소리
가녀린 바람이 익는 소리

비는 그리움을 부른다

비는 지붕 위를 타고
처마 끝을 향해
토옥- 토옥-
양은 세수대야 속으로
잊었던 음을 퉁기며 온다

비 오는 날이면
일 나가지 못한 어머니
논두렁 밭두렁 둘러보고 오실 때
머리카락 끝에서 무수히 떨어지던 음표들
눈썹 끝을 따라
볼 위를 타고 코끝에서
가슴으로부터 파문을 일으키는
음표들이 불러낸 낯익은 냄새-
귓가를 스쳐
머릿속을 건너
가슴 한 가운데로 저벅저벅 걸어 들어온다

가마솥 뚜껑에 모처럼 해주신
노릇노릇 잘 익은 파전에
들깻잎 부침개
매콤한 고추부추전

눈이 오는 날의 풍경

어릴 적 아버지가 계셨을 때 눈이 오는 날은
화롯불에 군고구마 바쁘게 익어가고
어머니는 사박사박 눈길 헤치며
묻어둔 김장독에서
잘 익은 동치미 한 그릇 썰어 내시고
재미난 옛이야기에
칠 남매는 마냥 입이 달고 귀가 즐거웠습니다

연로한 홀시어머니 옴직옴직한 늦손주들 옆에 끼고
빈 항아리에서 꺼내 든 장두감* 한 입에
오즐오즐 정답게 피어나는 따스한 이야기

불혹을 넘긴 나는 눈이 오는 거실 창가에서
외할아버지와 할어머니의 옛이야기를
방안 가득 채우는 귤향을 맡으며
내 아이들에게 해줍니다

---

* 장두감 : 전라도 사투리 (대봉을 일컬음)

골목길

하루 일과를 마치고
집을 향해 또박또박 길을 걸으면
줄 서서 따라오는 일과 속에
감빛으로 흘러내린 가로등
홍시처럼 술 삭은 아버지!
휘적휘적 길모퉁이 돌아
기인 그림자 드리운다

호박잎쌈

김이 모락모락 오른 밥솥에
까칠까칠한 껍질 벗긴 호박잎 쪄서
친정어머니가 담근 된장에 논우렁 넣고
청량고추 송송 썰어 넣은 호박잎쌈장
흩어진 가족들 한상에 둘러앉아
호박잎쌈 하나에 해묵은 고향이 한 입
호박잎쌈 하나에 친정어머니의 안쓰러운 삶이 또 한 입
넝쿨넝쿨 줄기를 뻗어 하늘 끝에 닿고
창가에 기웃대는 육쪽 마늘 같은 반달도
넌지시 쌈 위에 얹히는
노란 웃음꽃이 영그는 일요일 저녁

코스모스

여름 삭혀 말갛게 우러난
하늘 아래에
흐뭇이 젖어가는
가을 들길에 선다

부산한 일상의 반복
수수한 꽃처럼
고운 감정 물들이는
한 줌 바람으로 날려본다

문득
떠오르는 그리움
환한 꽃무더기로 다가와
내 가슴속에 곱게 핀다

코스모스 2

가끔씩 안부가 궁금한 사람들이 있다
생각하면
가슴 가득 환하게 피어나는 이들
손을 내밀면 닿을 듯
하늘하늘 번져오는 아련한 기억
삶에 묻혀 살아도 오랜 시간이 흘러도
살면서 잃고 싶지 않은 마음의 빛깔,
그 향기처럼
사람이 그리운 날이면
어설픈 다가섬이지만
따뜻한 안부를 묻고 싶은
화사한 이름들이 있다

코스모스 3

근 이십오 년 만의 만남이다
설렘과 궁금함이 길을 나서고
반가움은 와락 세월을 뛰어넘는다
살아온 시간들이 빗살져 묻어나는 얼굴들
희미해진 기억의 편린 속에서도
추억은 실타래처럼 풀려
물리지 않는 수다 흉허물 없는 너스레
얼굴들은 불혹을 넘겼는데
마음은 타임머신을 탄 싱싱한 꽃잎이다
한 잎씩 띄워 보는
고향 냇가와 시골 교회에서의 아슴한 이야기들
어렵고 힘들었던 시절이 오랜 세월이 흐른
초등학교 동창들의 얼굴과 옷매무새,
몸짓과 말씨 속에서
형형색색으로 피어난다

흑백 사진

해묵은 앨범 한편에 천진스런
남동생의 누드사진
그런 대로 차려놓은 돌상에서
연필과 명주실을 잡았던 너
닳고 닳은 네 귀퉁이 속으로
스물네 해 동안의 기억들이
여백을 맴돌다 와르르-
세월의 강물로 흐르고 있다
끝도 모르고 깊이도 알 수 없는 강물에서
지쳐 보이던 나비의 날갯짓으로 젓어가다
불러보는 이름아!
불러보는 이름아!
까만 눈동자에 머금은 하얀 네 웃음이
시리게 아픈 것은
해묵은 흑백사진 한 장으로 남을 인생,
각진 삶의 틀 속에 비인 마음만
명주실보다 더 질기게 다가온다

고독

불 꺼진 밤
송송 성에 낀 창마다
언 강물 흘러
가슴에 박힌 돌 하나
감싸 흐른다

내 가슴속의 들꽃

어머니!
당신은 황무지 속에서 핀 들꽃입니다

어제도
마른 바람에 피멍진 어둠 녹이며
꿇어앉아 올리는 온기,
그 간절한 기도는 당신의 마음입니다

오늘도
그만큼의 눈물은
작은 소망 넉넉함으로
묵묵히 피어나는 당신의 향기입니다

내일도
한결같이 내 가슴속에서 묻어날 당신,
영원히 지지 않는 들꽃입니다

발자국

검푸른 새벽을 열고
어머니는 물을 길어 군불을 때시고
전주로 통학하는 오빠
발이 시려울까 봐
한길까지
생한 눈길에 발자국 찍으며
걸어가셨습니다
그 발자국 따라
다시 걸어온 어머니 발자국을
묵직한 가방을 든 오빠가
타박타박 걸어갑니다

도라지꽃, 그 슬픈 향연
– 남북 이산가족상봉을 보며

기다란
외로움이었습니다
가까이 있는 당신을
이렇듯 오래 기다려야 한다는 것이
한 해
두 해
가슴에 새겨둔 반백 년 그리움
살 속 깊이 퍼져
하얀 침묵으로 피어나고 있습니다

오수역

대정리를 벗어나 용정리를 거쳐
오수천이 흐르는 둑길을 걸어가면
왁자지껄하게 오일장이 열리는 오수시장,
더운 시장골목을 벗어나면
우체통을 벗삼은 오수역 광장에
아름드리 느티나무 한 그루
따스하게 어깨를 두른 벤치가 마냥 정겹다
또 다른 기다림이 있는 곳으로 푸른 발을 뗄 오수 사람들
어머니가 챙겨준 보따리에 손이 모자라다
고향과 가족과 나이를 묻는 동향인들
나름대로의 가쁜 호흡이 허름한 역사 안에 꽃피어
정을 향으로 풀어놓는다
더러는 간절한 바람들이
반가운 만남과 슬픈 헤어짐으로 흩어져갈 삶의 교차로
전라선 무궁화호 완행열차가 기적을 울리면
하늘거리며 작아지는 얼굴들이
철길 따라 만개한 코스모스로 서서
하늘하늘 춤추고 있는 내 젊은 날의 오수역!

산다는 것은

포기할 수 없는 그 무엇을 위해
나 자신을 일으켜 세우는 것이다
그러기에 삶은 견디는 것
살아간다는 것은
너그러워지려는 자기 자신을 이겨내는 것이다

모든 것에는 다 때가 있듯
그 때가 지나면
그 순간을 놓치면
후회하게 될지도 모르는 것

또한 모든 것은 다 지나간다
견딜 수 없는 고통도 서러운 슬픔도
가슴 서늘해지는 외로움도 이별의 아픔도
모두가 다 희미해지고 잊혀지기에
아픔과 상처에 익숙해지도록 품어 안는 것이다

산다는 것은
많은 것 가운데 하나인 것을 발견하는 것
진정 하나인 것을 발견하게 될 때
비로소 가슴은 넓어지고
따스해지는 것

겨울 길 위에서

눈 덮인 겨울 길은 하얀 도화지 같다
터벅터벅 걸어온 발자취
따뜻한 눈빛 하나 그리던
외로웠던 길,

그러나
낯붉히진 않을란다

하늘에 이를 듯
온 누리는 은백의 포용包容
낯설지 않은 얼굴로
따뜻함을 나누고 싶다

살아가야 할 날들처럼
비어 있는 이 길 위에서
부끄럽지 않은 마음으로
고옵게 색칠하며 가고 싶다

제4부

누군가 그리워질 때면

겨울 폭포

한 계절 내내
뒤척이던 원고지 속의 글자들이
길을 나섰다
더 이상 물러설 곳 없는
길 없는 길 위에서
길을 물어야 했다
길이 되지 못하는
것은 극한의 고독
고흐의 밤하늘로 소용돌이치다
밤이면 밤마다
쿨럭쿨럭
펌프질하는 가슴의 종양
햄릿의 쓸쓸한 독백처럼
결빙하는 시어

가을과 겨울 사이

높은음자리표처럼 휘감아진
등나무 아래에 앉아
가을을 읽는다
존재하는 것들에게서 빛깔이 느껴지고
지나가는 사람들 표정에서
오선 위를 튕기어 다닐 것 같은
팔분음표의 리듬을 읽는다
비워내지 못한 낯익은 언어들이
까치밥으로 남아
개울가에 떠가는 단풍잎처럼
표표히 흘러왔다가
붉어서 가벼운
첼로의 중저음 듣는다
가을과 겨울 사이

낙엽

한때는 눈길이 닿는 곳마다
아름답게 물이 들었지
다시 한 계절을 물고 온 새
끝이 환히 내다뵈는 길 위에서
배회하는 바람으로 떠돈다
붉다 못해 축이 난 몸
잊는다 하지만 잊은 적 없는 것들

설화

어느 설원을 향하던 꿈이 아름다이 빛나고 있는가
끝이 환히 내다보이는 길 위에서
끝없이 열려진 생각들이
머물고 싶은 순간들을 매단 채
잊을 수 없는 서럽도록 차가운 바람을 휘감고 있다
온전히 다하고 싶었던 한곳을 향한 마음
삶의 길이와 넓이를 재지 않고
일상의 부피나 무게를 미리 가늠하지 않고
느낌으로만 우러나는 있는 그대로의
진실함과 깊이를 나누고 싶었다
감싸주고 위로해주고 빛나게 했던 것들
삶의 에너지로 호흡하게 했던 존재여!
세상을 채색하게 했던 존재여!
서툰 몸부림에
어느 먼 설원을 향하는 겨울 햇살에 눈이 부신
유토피아여!

사랑한다는 것은

바다이 보이는

그 무엇의 끄트머리에서도

흔들림 없이 믿어주고

어깨를 기댈 수 있는 것

13월의 계절

잉여의 시간은 독이다
아름다운 독은 빨간 물감처럼
물기와 섞이려 한다
물 먹은 물감은 쉽게 그림이 되려 한다
쉬운 것은 언제나 만만찮은 독성을 갖고 있기에
멀리서 바라봐야 한다
그림은 멀리서 감상할 때 제대로 보인다
내게서 떠난 원고처럼
붉은 혀를 가진 독
가까운 것들로부터 도태시키는 잉여의 시간
아름다운 절제를 배우는
13월의 계절

유리벽

어느 순간 상대방의 말과 몸짓이
아쿠아돔의 열대어처럼 벙긋거리다
거세게 파문을 일으킵니다
서로를 바라보고 말을 하고 행동을 하는데
상대방의 말과 행동을 알 수 없다고 합니다
작게 말을 하고 이해를 못한다고 하는 건지
듣지 못하고 오해를 하는 건지
키를 늘리고
폭을 넓히는 보이지 않는 한계
이쪽과 저쪽의
소통되지 않고 차단된 그것
넘지 못할 경계로 놓여 있습니다
살아온 환경이 달라
살아가는 방식이 다르다고 쌓아올린 벽
문화를 이해하는 관점과 가치관이 다르다고
사상과 정서도 다를 거라고
지레짐작으로 닫아버린 가슴의 빗장

나이 차이로 이해의 폭넓이가 다르다고
세상 사람들을 구분짓는 수많은 이름의 잣대
통로가 되지 못하는 너무도 투명한 관계여

사랑

가시를 가진 채 꽃을 피우는
곱디 고운 선인장이다
마른 모랫바람 안고
사막을 건너온 낙타의 발,
차박차박 망망한 바다를 건너온
밀물이었다가 어느새 가슴을 다 드러낸
썰물이다
창가에 흐느끼는 빗방울이었다가
처마끝에 매달린
목이 긴 고드름이다

첫눈이 함박눈으로 내리던 날

사락사락 어렴풋이 길을 더듬는
오선 위의 팔분음표들
민들레 홀씨인 양
빛바랜 편지 속의 낯익은 글자들에게
물어보는
순백의 안부

잘 지내지?
보고 싶다

겨울나무

떠난 후에야 눈에 들어오는 것들이 있다
어느 사이엔가
기억 깊이로 뿌리를 내린 의미들
푸르게 돋아 묶어두고 다독여온 것들이
눈부신 환상으로 색깔을 입혔던
익숙하게 길들여진 것들
심혈관들의 움직임이 안으로 안으로만
낡은 습관과 허황된 관념들을 밀어올리는,
비워서 가벼워진 싸늘함이란
부러지기 쉬운 단단함을 내포하고 있다
사실과 실체라는 냉정한 된바람은
오롯이 서게 하는 기억의 이면을 호명하고
물든 언어들의 흔적을 하얗게 지우는
뿌리는 말없이 듣고 있다
빈 가지들의 맑은소리
하얗고
가슴 서늘한

별

어두워지면 보이는 것들이 있다
삶에서 느껴지는 허전함과 쓸쓸함
가슴에 오래 고이면
밤하늘에 별이 되는 것일까
잡을 수 없기에
멀리 있는 것들은 언제나 찬란하다
멀리 있지만
언제나 가슴에 보석처럼 반짝이는 것들
오늘도 그리움의 창가에 서서
머언 동선을 좇아본다

겨울 강

바람이 채찍질하는 강가에 선다
온기 빠져나간 애증의 날들
겨울새 한 마리 파닥거리다
익명의 공간과 시간이 만든 작은 틈새를 지나
휑한 거리를 가로지르다
따뜻했던 것들이 낱낱의 생채기로
낯선 물수제비를 뜨고
몇날 며칠의 불면과 혼돈의 씁쓸한 물무늬
질식할 것 같은 붉은 선택을 물고 자맥질하다
지나고 나면 헛헛한 웃음과 한 줌 바람인 것들
갈대들의 서걱거림으로 묵연히 서서
긴 목울대만 키우다
흘러가는 것들도
얼어붙은 자국들도
폭이 큰 흐름의 결을 이루고
알싸한 그리움의 살과 피를 만드나니
가슴으로 길을 내는 겨울 강이여,

소리 없이 여울지는 깊은 독백을
안으로 뜨겁게 삼켜라

겨울바다

무슨 말이든 전할 수 없을 때
어떻게든 주어진 상황과 마음을 표현할 수 없을 때
기다림에 가슴 먹먹하도록 그리워질 때
침묵해야 한다고 생각될 때
혼자서 생각을 정리하고 싶을 때
다름과 차이 앞에서 혼란스러울 때
존재에 대한 정체성 앞에서
갈등과 번민에 휩싸일 때
그래도 견디어야 한다고 생각될 때
달려가곤 했었지
무작정

그리움

지독한 외로움이
창가에 성에처럼 피어날 때면
가슴 깊숙이 흐르는 물길을 따라
편지를 쓰고 싶다
시간이 흐를수록
또렷하게 밝아오는
아슴한 기억
처절한 순간마저도 견디게 하는
이 절박한 부재
놓아버릴 수도 없고
비워낼 수도 없는
닿을 수 없는 그 무엇
떼어지지 않는
가슴 기억의 작은 혹 같은 존재

솔모랫길*

습기를 먹은 듯 마음이 돛을 단다
물길 따라 하늘에 이를 듯
휘돌아 열린 모래톱 삼십리
끝없이 펼쳐지는 송림 속으로 난 모랫길을 걸을 때마다
언뜻언뜻 바람결에 소금기 묻어나는 기억
솔숲 바람 속으로 물 때 절은 갯내음 물컥 젖어서 오다
갯벌에서 캐낸 바지락, 백합, 맛에서부터
김, 미역, 파래, 톳나물, 주꾸미와 망둥어, 박대,
어느 것이 하늘빛이고 어느 것이 물빛인지 모르게
칠야漆夜를 출근으로 생각하는 사람들
가까이 다가갈수록 비릿한 삶은 세상에서 그만큼 멀어져도 뭍을 돌아보는 법이 없다
바다에서 나서 바다가 주는 것으로 절어서 살다
바다로 갈 운명 같은 바다사람들
자식들은 하나 둘 뭍으로 모래알처럼 빠져나가
황사바람에 모래의 유동이 치는 해안가 사구
내딛는 발걸음마다 눈과 목과 가슴이 매운 바다 내음

비워내지 못한 것들이 발목에 붙들린다
물길 따라 하늘에 이를 듯
그저 솔숲 모랫길을 홀로 걸어보는 일

---

* 솔모랫길 : 충남 태안의 몽산포에서 드르니항까지 약13㎞의 해변길 제4코스.

누군가 그리워질 때면

삶이 어렵고 힘들다고 생각될 때면
무심히 길을 걸어가 보자
생존을 위해 폐지를 줍는
등 굽은 노인들의 일상처럼
나보다 더 힘든 이들이 있을지 둘러보자

그대, 외롭고 슬프다고 생각될 때면
무슨 일이든 찾아 해보자
대청소, 손빨래, 화단 정리하기
자원봉사를 하면 더욱 좋다

그대, 가난 때문에
서러운 눈물이 나올 때면
노래 불러보자
우리네 삶은 노랫가락처럼
리듬이 있는 거라고 생각해보자

사랑하는 그대여,
누군가 그립고 보고 싶어 가슴이 먹먹할 때면
하늘을 바라보자
하늘 어딘가 내 마음 함께해줄 이
있을 거라고 믿어보자

교차로에서

한때는 같은 곳을 향해 가고 있다고 느꼈다 어느 때부턴가 스치는 것들에게서 낯익은 것들이 읽혀지고 파삭파삭한 가벼움과 들리지 않는 소리가 푸른 바람을 몰고와 느려진 걸음을 관통했다 삶의 후미진 자리를 맴돌던 퍼런 허기는 성분이 다른 몇 개의 푸른 독으로 가슴에서 요동을 쳤다 과식한 시내버스가 모퉁이를 엉금엉금 기어오다 빨간 제동 등에 발이 묶였다 침묵을 지키던 환한 기억들이 순서를 잃어버렸는지 불쑥불쑥 승차를 한다 교차로에서는 주변을 돌아보며 천천히 가세요 어디에선가 삶의 경보음이 들리는 듯했다

겨울섬

가슴 한복판에서 마르지 못한 찬바람이 서걱서걱 일었다 소리도 없이 깊게 흐르는 것들 눈과 귀와 머리와 가슴이 기억하는 여울목에 걸리고 만다 가슴 밑바닥에 켜켜이 쌓아 아껴둔 말들 목안을 표류하다 역류하는 시간 속에서 파랗게 파랗게 자맥질을 한다 더 다가설 수도 없는 꼭 그만치의 거리에서 눈과 귀와 머리와 가슴이 기억하는 것들이 마음 한복판을 배회하다 못해 하얗게 얹혀 버렸다

상처 받은 영혼을 위한 기도

삶이나 주변 사람들과의 관계에서
상처 주지 않게 하시고 상처 받지 않게 하소서
내 안의 상처나 비수 같은 말의 상처에도
괴로워하거나 분노하기보다
다독임과 치유의 손길로 너그러이 용서하게 하소서
가야 하는 길 위에서 길을 찾지 못하고 방황할 때
길이 되게 하시고 문을 열어주소서
믿었던 사람의 등을 보거나
가까운 이들의 이면을 보아도
선을 긋거나 담을 쌓기보다
한 발 가까이 다가가는 징검다리 되게 하소서
벽이나 한계에 부딪힐 때면 두려워하기보다는
함께 하심을 믿고 담대하게 뛰어넘을 수 있게 하소서
상처 준 이를 용서할 수 있도록 용기주시고
마음의 벽을 허물게 하여
나와 내 밖의 모든 상처 입은 영혼을
품어 안아 사랑하게 하소서

주어진 삶과 맺어진 인연들을 감사히 여기게 하시고
항상 말씀 안에 있게 하시고
시험에 들지 않도록 기도하게 하소서
내 안의 나와 만나고 싶거나
내 밖의 낯선 나와 만날 때 조용히 생각을 다듬게 하시고
삶에서 빚어지는 생각들을 글로 옮겨보는 사람이게 하소서

그리움의 시학
– 오경옥의 첫 시집에 대한 몇 가지 단상

남기혁(문학평론가, 군산대학교 국어국문학과 교수)

1. 시쓰기라는 천형天刑

"아름다운 파문에 출렁이기 쉬운/사십대 중반이라는 나이/현실과 이상처럼/삶과 사랑의 기교 사이에서/열병처럼 아프기 쉬운 나이"

「사십대 중반이라는 나이」에서

오경옥 시인이 늦은 나이에 첫 시집을 내게 되었다. 용감하게 말이다. 그 용감함의 근원은 과연 무엇일까? 수줍음 많은 소녀의 표정을 여전히 간직한 이 시인이 "혹 하지 않는다는 마흔 중간쯤 하는 나이"(「사십대 중반이라는 나이」에서)에 아직도 노래를 뽑아내고 있다는 사실 앞에서, 스물두 살 나이에 너무도 일찍 시쓰기를 포기해야 했던 그리고 그것을 남성적 성숙이라고 자위했던 필자는 일종의 경이驚異를 느낀다. 불혹의 나이를 넘어서도 여전히 시쓰기의 영토에 머물러 있으려 애쓰는 그 열정 앞에서, 필자는 한편으로는 무한한 외경의 마음을 품게 되고 다른 한편으론 내가 너무 일찍 비겁한 선택을 했던 것은 아닌가 하고 되돌아보게 된다. 과연 무엇이 오경옥 시인에게 시쓰기라는 그 천형天刑을 감내하도록 만들고 있는가, 아니 보다 정확하게 묻자면 시쓰기 행위를 통해 시인 오경옥이 드러내고자 하는 존재 증명의 실체는 과연 무엇인가? 필자는 이런 궁금증을 안고 그의 시집에 실린 시편들을 꼼꼼하게 읽어나갔다. 「꿈속의 바다」에서 시인은 다음과 같이 말하고 있다.

그물을 던진다
꿈꾸는 어부
텅 비어 있는 내 안의 바다

비상하던 바닷새
버겁게 건져지는
내 아픈 시詩의 한 조각 부리로 쪼고
그 아픔 내 몸무게 위에 더 큰 무게로 이끌려
허우적거리고 있다
그 바다 한 가운데서

그물을 던지자
다시 그물을 던지자

—「꿈속의 바다」 전문 인용

'그물' 을 던지는 '어부' 의 행위는 무언가를 건져올리겠다는 '꿈' 이 있기 때문이다. 그 '꿈' 이 아니고서는 아무것도 보이지 않은 깊은 물속을 향해 고단한 육체로 그물을 던지는 그 힘든 노동을 감내할 수 없는 법이다. 하지만 그물을 던질 때마다 팔뚝만 한 물고기가 올라오는 것은 아닐 것이다. 돈이 되지 않는 불가사리며 잔챙이 같은 잡어들만 올라오기도 할 것이고 때로는 빈 그물만 올라올 수도 있다. 이런 점에서 시쓰기란 천형은 바로 어부가 그물을 던지는 행위와 비견할 만하다. 시인은 "텅 비어 있는 내 안의 바다"를 향해 '그물' 을 던진다. 그 그물은 언어로 짜낸 것이다. 하지만 언어란 무색무취의 기호가 아니다. 그런 까닭에 시의 언어에는 그 언어를 짜내는 사람의 아픔이 오롯이 아로새겨질 수밖에 없다. 시인의 아픔으로 아로새긴 언어의 그물은 이제 시인의 마음 깊은 곳에 자리잡고 있는 '아픔' 과 그 '아픔' 의 '무게' 를 건져올린다. 시인은 시쓰기를 통해 높은 하늘을 향해 '비상' 하고 싶어하지만 그 욕망은 충족될 수 없는 욕망이라 할 수 있다. '언어' 의 그물로 건져올린 시는 '아픔' 의 무게에 짓눌려 있는 까닭이다.

상승과 하강의 이 팽팽한 긴장 앞에서 그녀는 시인이란 존재의 숙명을 발견하고 있는 것으로 보인다. 무한한 것으로 상승하려는 욕망과 유한한 것으로 하강시키려는 현실

사이에서 허우적거릴 수밖에 없는 존재의 숙명 말이다. 오경옥 시인은 이 존재의 숙명 앞에서 '시인' 이란 존재에게 허락되어 있는 선택의 자유가 매우 제한적임을 직감하고 있다. 시인으로서의 삶을 포기하고 현실의 무게를 받아들이거나 현실을 포기하고 시쓰기의 천형을 감내하는 것 중에 하나를 선택해야 하는 것이다. 오경옥 시인이 선택한 것은 당연히 후자이다. 앞에 인용한 「꿈속의 바다」에서 시적 화자가 "그 바다 한가운데서/ 그물을 던지자/다시 그물을 던지자"고 다짐한다. 이 표현은 오경옥 시인이 자신이 살아온 시인의 삶에 대해, 그리고 자신이 살아가고 있는 시인의 삶에 일말의 회오도 지니지 않고 있음을 보여주는 것이 아니겠는가. 비록 '아픔' 만이 그물에 건져질지라도 '그물' 을 던지지 않고서는 하루하루의 삶을 감내할 수 없는 것이 시인의 운명인 까닭이다. 오경옥 시인은 오히려 그물을 던지는 그 무망한 행위를 통해서만 자신의 '아픔' 과 대면할 수 있고 또 그것을 치유할 수 있는 것이다. 시쓰기가 지니고 있는 이런 치유의 가능성이 바로 늦깎이 시인 오경옥 시인이 시쓰기에 매달리는 진정한 이유가 아니겠는가?

2. 그리움의 형식에 대하여

> "바다가 그립다는 것은/가슴이 기억하는 것들을/그리워하고 있다는 것이다"
>
> 「바다가 그립다는 것은」에서

오경옥 시인의 시집 전체를 관통하는 키워드는 '그리움'이다. '그리움'을 이미 잃어버린 것, 더 이상 있지 아니한 것에 대한 집착으로 본다면, 이는 다분히 병적인 감정이라 할 수 있다. 하지만 과거의 것에 대한 '그리움'이 없다면 인간은 한 순간도 현재라는 이 부조리한 시간을 감당할 수 없다. 그러니까 현재의 '나'는 과거에 대한 그리움을 통해서만 비로소 나의 정체성을 구성하고 세계의 비탄을 감내하고 미래를 위해 기투를 할 수 있는 법이다. 서정시의 본래적인 시간성을 회감回感, Erinnerung이라고 이를 때, 여기에는 부재하는 것에 대한 형언할 수 없는 그리움이라는 낭만적 아이러니의 의식에 대한 강조가 자리잡고 있는 것이다. 오경옥의 신작 시집은 일상적 삶에서 흔히 접하는 사물과 경험들에 내재되어 있는 과거의 기억을 끄집어내고 이를 그리움의 정서로 휘감는다. 그런 까닭에 그의 언어는 한편으로는 비참한 세계의 현실에 대해 맹목적이다. 그의 시선은 비참한 현실이 아니라 그 현실을 찬란한 빛으로 감추는 어떤 축제적인 시간을 향해 있다. 다음 작품이 그려내고 있는 목련의 이미지를 살펴보자.

눈길 머물고
생각이 가지를 뻗는 곳마다
그대 고운 모습으로 피어 있었다
더 다가설 수도 없는
꼭 그만치의 거리에서
생각으로만 가슴 벅차게 피어나는
하얀 그리움
멀리서라도 한 번쯤 보고 싶고
손 내밀고 싶은
낯선 설레임

—「목련」 전문 인용

이 작품에서 '그리움'은 눈부시게 흰 목련꽃을 통해 표출되고 있다. "더 다가설 수도 없는 /꼭 그만치의 거리"를 두고 바라보아야 하는 목련의 형상은 마치 더 이상 다가설 수 없는, 아득한 (시간적) 거리를 두고 헤어져 있는 연인을 떠올리게 한다. 이제 부끄러운 듯, 순결한 모습으로 피어나는 목련의 찬란한 빛은 짙은 어둠 속에서 결별의 아픔을 감내하며 살아가는 이의 마음을 환하게 비추어주고, 그 빛을 바라보는 이가 "생각으로만 가슴 벅차게 피어나"고 있다.

이를 일컬어 부재하는 것에 대한 그리움이라고 할 수 있다. 부재의 현실을 살아내야 하는 존재의 슬픈 내면을 역설적으로 보여주는 데 있어 그리움의 형식보다 앞서는 것은 없을 것이다. 이제 부재의 시간을 가로질러 시적 화자의 눈앞에 감각적으로 현현한 목련꽃은 시적 화자를 한없이 설레게 한다. 시적 화자의 설렘은 '있지 아니한 것' 과 대면할 때 생겨나는 경이驚異이겠거니와, 그것은 그리움이 하나의 사물로 전환된 것이라고 말할 수 있을 것이다. 목련꽃이 활짝 피어 있는 그 짧은 순간의 경이가 없다면, 그래서 그러한 마주침에 대한 기억을 간직하지 못한다면 한순간도 이 비루한 세계의 일상을 마주할 수 없다는 것, 시인은 그러한 가슴 설레는 만남의 순간을, 그리움의 형식으로 포장하여 우리에게 보여주고 있는 것이다.

그렇다고 해서 오경옥 시인이 세계의 비참에 냉담한 거리를 두고 있는 것은 아니다. 오히려 그녀는 그리움의 형식을 빌려 이 비루하기 짝이 없는 현실세계의 삶에 대한 깊은 통찰을 드러내기도 한다. "소리로 말하지 않고/ 소리 없이 흐르는 법을 보여주는 강"(「금강하구에서」에서)처럼, 그녀는 세계의 비참을 직접적으로 언급하지 않으면서도 그것을 자신의 텍스트에 전경화하고 있는 것이다. 가령 이런 방식으로 말이다.

어디서부터 시작되었을까
그리운 것들을 품고 흐르기 시작한 것이
세 끼 밥을 먹듯 거를 수 없는 현실 앞에서
혼탁해진 마음도 가라앉힐 줄 알고
켜켜이 날 법도 한 상처를 홀로 지우면서
소리로 말하지 않고
소리 없이 흐르는 법을 보여주는 강
살아간다는 것
사랑한다는 것은
저렇게 홀로 깊어지는 것이며
혼자서 비우고 채우며 무게를 갖는 것인가
어디쯤 흐르고 흘러야
마른 바람으로 서걱대는 가슴이
흔들리지 않는 심지를 가질까
수면 위에서 까맣게 먹이만 쫓는 철새들처럼
불혹이라는 삶의 굽이를 흘러오는 동안
애타게 파닥이던 삶의 노래가
부표처럼 떠서 저녁노을로 탄다

—「금강하구에서」 전문 인용

이 작품의 배경은 시인 자신이 살고 있는 군산의 금강하구이다. 깊은 산속에서 발원한 계곡물들이 굽이굽이 뻗은 물길을 따라 하구까지 흘러왔다. 이 물의 흐름은 맑고 투명한 '그리움'(1연)에서 비롯한 것이지만 그 맑고 투명함은 오래가지 못한다. '현실'과 부대끼면서 물은 혼탁해지고 본래의 빛깔을 잃어간다. 그리움을 간직한 사람의 마음 역시 마찬가지이다. 무엇인가에 대한 그리움을 가지고 이 세상을 살아가는 가운데 우리는 현실과 대면하면서, 세끼 밥을 먹어야 살아갈 수 있는 현실에 부대끼면서 마음의 상처를 쌓아간다. 하지만 물은 스스로 흐르는 가운데 혼탁한 것들은 가라앉히고, 하구에 이르러서는 가쁜 물살의 흐름 대신에 유유한 흐름의 물살로 자신의 모습을 바꾸어낸다.

이렇게 "소리 없이 흐르는 법을 보여주는 강"은 우리의 인생에 대한 메타포가 아니겠는가? 이제 시인은 금강 하구의 그 유유한, 소리 없는 물살을 바라보면서 "살아간다는 것은/ 사랑한다는 것은/ 저렇게 홀로 깊어지는 것이며/ 혼자서 비우고 채우며 무게를 갖는 것"이라는 깨달음에 도달한다. 이 깨달음은 삶을 바라보는 새로운 시선에 대한 욕망으로 전환된다. 비록 나의 가슴은 마른 바람 한 가닥에 "서걱대는"는 것이 현실이지만, 그 가슴 한가운데 "흔들리지 않는 심지"를 가지고 싶다는 것이다. 그 "심지"는 "먹이만 쫓는 철새들처럼" 생활에 급급하여 자신과 주위를 돌보지 않고 맹목적으로 살아온 삶에 대한 회오를 이끌어낸다. 이제 '불혹'에 이른 화자는, 그리하여 어떤 바람에도 더 이상 흔들리지 않을 굳은 심지 하나를 마음속에 간직하게 된 것이다. 그런 화자의 눈에 비친 금강하구의 풍경은 자신의 삶에 대한 치유를 이끌어낸다. 즉 화자 자신이 살아온 삶이 '부표'처럼 떠서 "저녁노을로" 타들어가는 금강하구의 아름다운 저녁 풍경은 자신이 살아온 삶에 대한 회오와 인간적인 번뇌와 아픔을 모두 넘어서는, 새로운 정신의 경지를 암시하고 있는 것이다.

3. 어머니 - 그 비릿하고 아련한 그리움

> "불혹을 넘긴 나는 눈이 오는 거실 창가에서/외할아버지와 할어머니의 옛이야기를/방안 가득 채우는 귤향을 맡으며/내 아이들에게 해줍니다"
>
> — 「눈이 오는 날의 풍경」에서

오경옥 시인의 '그리움'은 그 대상이 다양하게 변주하지만, 가장 주목되는 대상은 '어머니'이다. 불혹의 나이를 넘겨 자신의 삶을 되돌아볼 때, 혹은 일상적인 삶의 한가운데서 부딪히는 소소한 사물 하나하나에 아로새겨져 있는 어머니의 기억이 그리움을 불러일으키고 있는 것이다. 누구에게나 그러하듯, '어머니'란 존재는 쓰라린 마음의 상처가 없이는 호명되는 법이 없다. 그 상처는 내가 어머니에게 남긴 상처이자 어머니가 나에게 남긴 상처이다. 그런 까닭에 그 상처는 어머니의 것이자 동시에 나의 것이라 할 수 있다. 가령, 새벽에 통학길에 나서는 '오빠'를 위해 스무 해 동안 아궁이에 불을 지피는 일을 거르지 않은 어머니(「아궁이에 불을 지피다」에서)에 대한 기억, 혹은 자식을 위해 "마른 바람에 피멍 진 어둠 녹이며 꿇어앉아" 간절한 기도를 올리는 어머니(「내 가슴속의 들꽃」에서)에 대한 기억이 그러하다. 다음 작품은 부재하는 근원으로서 어머니란 존재의 실존적 의미를 되새기게 한다.

생선 비린내 진하게 배어오는
해망동 선창가에는
갯벌 속에서 캐낸 바지락 한 망에서부터
김장철이면 비응도 멀리
갯바위를 훑으며 굴을 캐고
손에서는 소금꽃이 피도록
보리새우 까던 진득한 다리 저림까지
무던하게 견뎌온
어머니의 세월이 배어 있습니다
무더기무더기 생선을 놓고
구성지듯 애달픈 듯

어딘가 내 어머니의 눈빛과 얼굴을 한
아낙의 마수걸이 부추김이
코끝 시려오는
겨울 해망굴 밤바람처럼
찡하게 엉겨옵니다

—「선창가에 가면」 전문 인용

이 작품에서 화자는 군산의 해망동 선착장을 걷고 있다. 해망동 선착장에 배어 있는 "생선 비린내", 그 찝찔하면서 아련한 내음새는 바로 어머니의 내음새가 아니겠는가? 화자는 선착장의 내음새를 맡으며 어느새 어머니에 대한 기억으로 내달아간다. 그런데 화자의 기억 속에 있는 어머니의 삶은 신산辛酸하기 그지없다. 화자는 생존을 위해, 자식들과 삶을 영위하기 위해 자신을 내던져야 했던 어머니의 그 고통스러운 삶의 궤적들을 떠올린다. 바지락과 굴을 캐기 위해 거친 바닷가에서의 힘든 노동을 감내해야 했던, 오랜 시간 쭈그리고 앉아 맨손으로 보리새우를 까야 했던 어머니의 그 '소금꽃'이 핀 손과 저려오는 다리만큼 자식의 마음을 에는 것이 또 있겠는가. 화자는 해망동 선착장에서 마수걸이를 하려는 아낙네의 눈빛과 얼굴에서 어머니를 읽어낸다.

「새벽시장에 가면」이란 작품에서 화자가 군산역 새벽시장에서 마주친 푸성귀 파는 사람들처럼 말이다. "코끝 시려 오는 /겨울 해망굴 밤바람"을 맞으며 화자가 떠올린 어머니는 그런 까닭에 눈물이 없이는 마주할 수가 없다. 이 어찌할 수 없는 그리움의 형식이 오늘의 화자를 현존하게 하는 것이다.

한편, 부재하는 근원으로서의 어머니는 인륜적 질서의 중심축이 되기도 한다. 혈연을 매개로 성립되는 가족이란 인륜 공동체는 통상 그 중심 질서에 아버지를 위치시킨다. 명령과 규율의 다른 이름인 아버지를 정점으로 형성되는 인륜 공동체는 철저하게 동일성의 원리를 강요하게 마련이다. 하지만 오경옥 시인의 가족-서사에서는 그러한 아버지가 부재한다. 그 대신 한없이 자신을 희생하고 가족을 위해 힘든 노동을 마다하지 않는, 어머니가 중심-서사를 형성하고 있다. 어머니가 아버지와 다른 점은 무엇인가? 그것은 명령과 규율로 타자를 지배하고 통제하는 권력이 아니라는 점이다. 모든 것을 품어내는 그 넉넉하고 풍요로운 바다처럼, 어머니는 타자(자식)의 타자됨을 승인한 자리에서 그 타자를 위해 자신의 모든 것을 양보한다. 앞에 인용한 작품에서, '어머니' 가 그 신산한 삶을 아무 불평 없이 감내할 수 있었던 것도 이 타자를 위한 자기 헌신 때문이 아니겠는가? 이제 불혹의 나이를 넘은 화자는 스스로 '어머니' 가 되어, 자신의 어머니가 살아온 그 '어머니'의 삶을 되돌아보고 있는 것이다. 다음 작품은 음식을 매개로, 인륜적 질서의 중심에 우뚝 서 있는 어머니의 그 바다 같은 품속을 우리에게 언뜻 내비쳐 준다.

김이 모락모락 오른 밥솥에
까칠까칠한 껍질 벗긴 호박잎 쪄서
친정어머니가 담근 된장에 논우렁 넣고
청량고추 송송 썰어 넣은 호박잎쌈장
흩어진 가족들 한상에 둘러 앉아
호박잎쌈 하나에 해묵은 고향이 한 입
호박잎쌈 하나에 친정어머니의 안쓰러운 삶이 또 한 입
넝쿨넝쿨 줄기를 뻗어 하늘 끝에 닿고
창가에 기웃대는 육쪽 마늘 같은 반달도
넌지시 쌈 위에 얹히는
노란 웃음꽃이 영그는 일요일 저녁

— 「호박잎쌈」 전문 인용

"호박잎쌈 하나"의 그 놀라운 힘을 보라. 그 거칠고 소박하기 짝이 없는 음식을 매개로 이 흩어진 가족들이 한상에 둘러앉아 식사를 한다. 함께 식사를 하는 사람들을 일컬어 식구食口라고 했던가? 가족이란 인륜 공동체는 함께 식사를 하는 가운데 정을 나누고 서로가 하나의 가족으로 연결

되어 있음을 확인한다. 이 시에서 화자는 어린 시절 자신의 어머니가 해주었을 법한 그 호박잎쌈을 만들어 가족들과 함께 '노란 웃음꽃'을 피우며 식사를 하고 있다. 하지만 식구들의 입에 들어가는 것이 어디 호박잎쌈뿐이겠는가? 호박잎의 그 까칠까칠하고 쌉싸름한 느낌인 "친정어머니의 안쓰러운 삶"의 다른 이름이라면, 화자는 음식을 먹으면서 어머니라는 상처를 먹고 있는 것이 아니겠는가? 이 아련한, 그리고 비릿한 추억이 없다면 어찌 흩어진 사람들이 하나의 가족으로 묶일 수 있겠는가? 오경옥 시인은 이러한 어머니에 대한 기억을 통해서, 그리고 자신의 어머니가 그러했던 것처럼 가족들을 위해 '호박잎쌈'을 만들어 내면서 스스로 어머니의 '위치'에 우뚝 다가선다.

4. '산다는 것', 그리고 시를 쓴다는 것

> "산다는 것은/많은 것 가운데 하나인 것을 발견하는 것/진정 하나인 것을 발견하게 될 때/비로소 가슴은 넓어지고/따스해지는 것"
>
> —「산다는 것은」에서

이제 원점으로 다시 돌아오자. 오경옥 시인에게 시를 쓴다는 것이 주는 의미는 무엇인가? 부재하는 것에 대한 그리움을 낭만적 시쓰기의 본질로 본다면, 그녀가 보여준 그리움의 시학은 어떤 자기모순에 봉착할 수밖에 없다. 그리움의 대상에 과도하게 집착할수록, 그의 언어들은 현실에 맹목일 수밖에 없기 때문이다. 이제 관건은 시쓰기에 어떤 새로운 의미를 부여할 수 있는가 하는 점에 모아진다. 「산다는 것은」에서 볼 수 있는 인생에 대한 통찰을 시에 끌어들이는 작업이 필요하다는 말이다. 시인은 이를 "진정 하나인 것을 발견"하는 일이라고 말하고 있다. 시를 쓰는 가운데 "진정 하나인 것을 발견"할 수 있다면, 그리고 그것을 언어화할 수 있다면 그녀의 "가슴은 넓어지고/따스해지는 것"이다. 이것이 불혹의 나이를 넘어서도 시인-되기를 열망하는 이유일 것이다. 이런 열망이 다음과 같은 차고 서늘한 이미지를 빚어내고 말았다.

한 계절 내내
뒤척이던 원고지 속의 글자들이
길을 나섰다
더 이상 물러설 곳 없는
길 없는 길 위에서
길을 물어야 했다
길이 되지 못하는
것은 극한의 고독

고흐의 밤하늘로 소용돌이치다
밤이면 밤마다
쿨럭쿨럭
펌프질하는 가슴의 종양
햄릿의 쓸쓸한 독백처럼
결빙하는 시어

—「겨울 폭포」 전문 인용

'결빙하는 시어' 라니! "길 없는 길 위에서/ 길을 물어야 했"던 그 "극한의 고독"은 시쓰기 행위가 얼마나 고통스러운 것인가를 암시한다. 그 극한 고독을 감내하지 않으면 자신의 존재가 무화될 수밖에 없다고 생각하는 시인에게 육체의 아픔(가령 "펌프질하는 가슴의 종양"이 암시하는) 따위는 전혀 문제가 되지 않는다. 오히려 그 고통 앞에서 길을 잃고 소용돌이치던 언어들이 이제 차고 서늘한 시어가 되어 시인 앞에 현현하고 있다. '결빙하는 시어' 의 이 차고 서늘한 이미지를 만들어냄으로써, 이제 오경옥 시인은 '성숙한' 시인으로서 제 목소리를 낼 수 있는 존재로 거듭나게 된 것이다. 이 차고 서늘한 이미지가, 그녀가, 그리고 그녀의 언어가 개척해야 할 시의 길임을 믿어 의심치 않는다. 보다 정진하여 좋은 시인으로 성장하기를 기원한다.

오경옥 시집
길은 걸어감으로써 길을 만든다

인　　쇄 | 2012년 10월 25일
발　　행 | 2012년 10월 31일

지 은 이 | 오 경 옥
발 행 인 | 서 정 환
발 행 처 | 신아출판사

출판등록 | 1984년 8월 17일 제28호
주　　소 | 서울시 종로구 삼일대로 32길 36
(익선동 30-6 운현신화타워 빌딩) 301호
전　　화 | (02) 3675-5633, (063) 251-3885
E-mail | essay321@hanmail.net
sina321@hanmail.net

값 9,000원

ISBN 978-89-97700-80-6 03810

· 이 책은 문화예술진흥기금을 지원받아 발간하였습니다.